AF509544

LE GÉNIE FRANÇAIS

O U

AMOUR ET RECONNAISSANCE,

IMPROMPTU ÉPISODIQUE en un acte, mêlé de Vaudevilles, orné de tout son spectacle, et terminé par un Hymne à grand orchestre, Ballet et Feu d'Artifice.

Par les Cns. FOURNERA-St.-FRANC et MOLINY, Artistes du Théâtre de Liège.

L'Hymne est de la composition du Cn. VAUCLIN, Maitre d'Orchestre.

Les Ballets sont du Cn. SEIGNE, Professeur de Danse.

Représenté pour la première fois sur le Théâtre de Liège, le

A LIEGE,

Chez J. A. LATOUR, Imprimeur-Libraire, Pont-d'Isle.

An 11. — 1803.

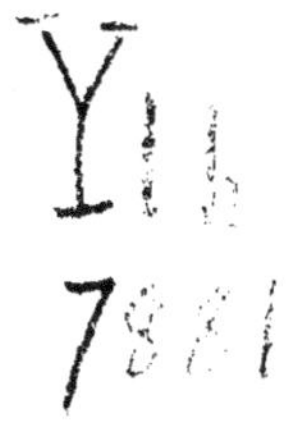

A Madame BONAPARTE.

O vous qui partagez la gloire
Du héros chéri des francais ;
Vous qui par vos nombreux bienfaits
Méritez d'occuper un haut rang dans l'histoire,
Incomparable Beauharnais !
Vous dont le nom toujours vivra dans la mémoire ;
De vous offrir un fade encens,
Ne croyez pas que nous ayons l'audace,
Et l'orgueil vain de fixer vos momens
Par une froide dédicace :
Nous n'avons point, Madame, affez de vanité,
En vous offrant ce très-chétif ouvrage,
D'exiger un brévet à l'immortalité,
Nous n'afpirons qu'à votre feul fuffrage.
Daignez fourire à nos premiers effais.
Encouragez notre mufe novice ;
De votre augufte époux pour chanter les hauts-faits,
Chacun voudrait entrer en lice :
Chacun voudrait attacher quelque fleur
A votre couronne immortelle ;
Enfin fi notre ouvrage eft peu flatteur,
Il eft fait au moins avec zèle.

<table>
<tr><td>PERSONNAGES.</td><td>ACTEURS.</td></tr>
<tr><td>Le Génie Français.</td><td>Cⁿ. HUMBERT.</td></tr>
</table>

PERSONNAGES.	*ACTEURS.*
Le Génie Français.	Cⁿ. HUMBERT.
Un Musicien.	Cⁿ. JULIOT.
Un Peintre.	Cⁿ. LEFEVRE.
ALEXANDRIN, poëte enthousiaste.	Cⁿ. MOLINY.
POUDRILLAC, Artificier gascon.	Cⁿ. DORVAL.
La Mere LE BLANC, Poissarde de Paris.	Mde. DESIRÉ.

QUATUOR de l'Hymne.

Premier & second Coryphées en hommes.	{ C^{ns} TAUMARIN, JULIOT.
Prem. & second Coryphées en femmes.	{ Mdes. CARON & TAUMARIN.

La Scène est à Liège.

COUPLET D'ANNONCE AUX LIÉGEOIS.

A I R : *A l'ombre d'un Myrthe fleuri.*

Ne jugez pas sévèrement
Ce coup d'essai, ce faible ouvrage,
N'y voyez que l'empressement
De rendre au Consul notre hommage :
Et pour ajouter quelques fleurs,
A ce tribut si légitime,
Nous avons puisé dans vos cœurs
Le sentiment qui nous anime.

LE GÉNIE FRANÇAIS,

O U

AMOUR ET RECONNAISSANCE,

IMPROMPTU.

Le Théâtre représente un Palais.

SCENE PREMIERE.

LE GÉNIE (*seul*).

DEVANCÉ par la renommée, je précède à mon tour le héros français. Déjà dans tous les lieux qu'il a visités, j'ai vu l'enthousiasme élever des trophées à sa gloire. Mon heureuse influence a donné l'essor aux talens qui se plaisent à le célébrer. J'ai rendu les français tributaires de sa grandeur ; mais je n'ai pu ajouter à l'expression de la reconnaissance publique.

> AIR : *Ce fut par la faute du sort.*
> Si pour réprimer les excès
> Qui dévasterent la patrie,
> Il fallut du héros français
> Et la constance & l'énergie,
> On doit à ses heureux travaux
> Accorder pleine confiance,
> Puisque pour terminer nos maux,
> Il a régénéré la France.

J'arrive dans une ville où sa présence est vivement desirée. Déjà les Liégeois, nouveaux enfans de la grande famille, se disposent à fêter dignement le pere de la patrie. Les artiftes de cette cité, prévenus de mon arrivée, vont fe preffer autour de moi ; mais que peuvent-ils en attendre ? le Génie ne doit rien ajouter aux fentimens du cœur.

SCENE II.

LE GÉNIE, UN MUSICIEN.

Le Musicien (*fredonnant dans la couliffe*).

Ta, la, la, ra, la, la, la.......

Le Génie.

Voilà déjà une vifite.

Le Musicien.

Seigneur, je viens à vous dans le deffein......

Le Génie.

Je fais ce qui vous amène. Profeffeur d'un art charmant, vous venez me confulter fur la maniere d'en faire ufage pour la circonftance.

Le Musicien.

Vous l'avez dit. Comme artifte, ou plutôt comme français, je defire, felon mes moyens, manifefter mes fentimens.

Air : *Des fimples jeux de fon enfance.*

C'eft lorfque rayonnans de gloire ,
On voit tous nos braves guerriers
Marcher encore à la victoire
Pour cueillir de nouveaux lauriers,
Que par un acte obligatoire,
D'Apollon, les enfans chéris,
Fixent au temple de mémoire
Tous les héros de leur pays.

LE GÉNIE.

Vous avez raifon. C'eft aux arts à couronner la valeur. La beauté, cependant, y a des droits.

LE MUSICIEN.

Nous ne voulons pas les lui difputer.

AIR : *On compterait les diamans.*

Sexe charmant, dans un grand cœur
Tu produis l'amour de la gloire!
C'eft toi qui guides la valeur
Dans le chemin de la victoire.
Tes droits ne font pas envahis
Par nous, fur les fils de Bellone :
Car fi nous adjugeons le prix,
C'eft toi qui pofes la couronne.

LE GÉNIE.

Je conçois que les arts unis à la beauté donnent un grand prix aux lauriers ; mais, Monfieur, il s'agit d'une fête, & cette fête n'a rapport qu'à un feul homme.

LE MUSICIEN.

Que dites-vous, un feul homme! la fête au héros français n'eft-elle pas celle de toute la France ?

LE GÉNIE.

J'en conviens. Je fais même qu'il infpire deux fentimens bien flatteurs, l'amour & l'admiration! c'eft en raifon de ce principe que je vous prie de me communiquer ce que vous avez préparé pour lui.

LE MUSICIEN.

Je n'ai rien voulu commencer fans prendre vos avis. La circonftance eft délicate, car enfin, je fais qu'il n'aime pas la flatterie. Et peut-on s'en difpenfer, même en difant la vérité.

Le Génie.

Un hommage sincère & mérité n'est pas flatterie. C'est l'épanchement du cœur. Il est fait à ce langage. Je vous conseille de suivre cette impulsion.

Le Musicien.

Je vais donc vous faire part d'une idée qui m'est venue. Je voulais d'abord composer un morceau à grand orchestre ; mais l'étendue de ces sortes de compositions les rend souvent monotones. Voici ce que j'ai résolu.

Air : *Fuyant & la ville & la cour.*

Je commence par un solo
Où j'évite la dissonance,
Après je place un beau trio
Que j'exécute avec prudence :
Je mets ensuite un chœur final
Que l'amoroso modifie :
Et dans ce morceau général
Le Consul aura sa partie.   } *bis.*

Le Génie.

Votre idée est excellente !

Le Musicien.

L'approuvez-vous ?

Le Génie.

Sans doute ; mais si vous m'en croyez, vous re mettrez l'exécution de ce morceau à un autre temps.

Le Musicien.

Comme vous voudrez. Cependant....

Le Génie.

Je vois que vous tenez à votre plan.

Le Musicien.

J'avoue que j'y renoncerais avec peine.

Le Génie.

Je ne fuis pas d'avis que vous y renonciez ; mais dans un moment où toute l'Europe d'accord, femblait ne devoir s'occuper que du bonheur des peuples & entretenir une harmonie univerfelle, euffions-nous pu penfer que cet accord ferait indignement rompu : il s'agit de le rétablir, & voici le travail dont j'aurais defiré que vous vous occupaffiez.

Même Air.

Il faudrait forcer Albion
A ne pas quitter la mefure,
Et lui faifant baiffer le ton,
Rendre l'exécution fure.
Mais s'il veut être difcordant,
Et hauffer toujours la parole ;
Je penfe qu'il feroit urgent
De le mettre encore à l'école.

} bis.

Le Musicien.

C'eft un écolier trop indocile. Je ne me flatterais pas de le mettre à l'uniffon.

Le Génie.

Il a befoin encore d'un peu d'expérience, mais ne défefpérons pas de le voir bientôt raifonnable.

Le Musicien.

Je vais, de fuite, me mettre à l'ouvrage. Puis, je viendrai vous foumettre mon travail.

Le Génie.

Je puis d'avance vous en affurer le fuccès.

Le Musicien.

Lorfque le cœur eft vivement pénétré, l'imagination franchit tous les obftacles.

LE GÉNIE.

Cet enthoufiafme eft celui du talent : il fait votre éloge.

LE MUSICIEN.

Vous êtes indulgent. Je vais tâcher de mériter la protection dont vous m'honorez, et me rendre digne de vos fuffrages.

SCENE III.

LE GÉNIE (*feul*).

Cet artifte mérite des éloges. Il eft modefte, il réuffira, fans doute, c'eft en fe défiant de fes moyens qu'on parvient à les étendre, l'amour-propre les étouffe.

AIR : Guillot, Guillot.

Depuis dix ans, nous voyons dans la France,
Mille écrivains & pas un feul auteur.
Tel qui fe croit modèle de fcience
N'eft très-fouvent qu'un faible imitateur.
Pour arriver au temple de mémoire,
Méfiez-vous d'un encens trop flatteur.
Ce n'eft jamais qu'en dédaignant la gloire
Que l'on fe rend digne de fa faveur.

Mais j'entends du bruit : les vifites fe fuccèdent.

SCÈNE IV.

LE GÉNIE, LE PEINTRE.

LE GÉNIE.

Monsieur est artiste?

LE PEINTRE.

Oui, seigneur, & je me présente à vous pour demander vos avis sur la maniere d'atteindre le but que je me propose.

LE GÉNIE.

Quel est-il?

LE PEINTRE.

De fêter dignement le grand homme qui vient au milieu de nous.

LE GÉNIE.

Quels sont vos moyens?

LE PEINTRE.

Ils sont faibles; mais le cœur peut y suppléer.

LE GÉNIE.

Je vous loue de ces sentimens. Quel est votre genre?

LE PEINTRE.

La peinture.

LE GÉNIE.

Monsieur est peintre en histoire?

LE PEINTRE.

De l'école française.

Le Génie.

On y voit éclore de grands talens, & je ne doute pas de la réussite de votre production.

Le Peintre.

Je vous l'ai déjà dit, le cœur est un bon guide, & si je puis atteindre à la perfection, c'est à lui qu'il faudra en attribuer la gloire.

Le Génie.

Avez-vous arrêté un plan?

Le Peintre.

J'avais résolu de peindre en grand toutes les actions de cet homme surnaturel. J'ai pensé que quoique jeune encore, ma vie entière ne pourrait suffire à cette exécution. L'allégorie seule m'offrait un sujet facile, & j'y ai songé. Voici le plan de mon tableau, que je soumets à votre décision.

AIR: *Femmes, voulez-vous éprouver.*

D'un côté, Minerve sourit
Aux nouveaux destins de la France:
De l'autre, Thémis affermit
L'égalité de sa balance.
Au milieu, le héros vanté,
S'avançant avec assurance,
Vient dégager la liberté
Des attributs (*ter*) de la licence.

Le Génie.

Ce plan est bien conçu. Et, comme vous dites, il est d'une exécution facile.

Le Peintre.

Il ne s'agit donc plus que de travailler.

LE GÉNIE.

Vous en êtes le maître ; mais vous avez bien peu de temps pour le foigner. Vous devez lui préfenter votre hommage, & il ne peut tarder. Ne pourriez-vous trouver une allégorie plus fimple ?

LE PEINTRE.

Peindre des faifceaux d'armes ! quelques trophées ?

LE GÉNIE.

Point du tout. Repréfentez feulement.

Même Air.

L'aftre du jour, refplendiffant,
Dont les rayons, fur la nature,
Répandent le feu bienfaifant
Qu'il nous difpenfe avec mefure.
Au Conful, offrez ce préfent,
Sur-tout, avec intelligence,
Au milieu du cercle brillant,
Il faut placer (*ter*) fa reffemblance.

LE PEINTRE.

L'idée eft excellente, & j'en profiterai.

LE GÉNIE.

Vous en êtes content ?

LE PEINTRE.

Elle m'enthoufiafme, & je l'adopte. L'allégorie fera frappante.

LE GÉNIE.

Il faut vous en occuper. Vous n'avez pas de temps à perdre.

LE PEINTRE.

Croyez-vous qu'il arrive bientôt ?

LE GÉNIE.

Il ne peut tarder.

LE PEINTRE.

Je voudrais que mon hommage fût diſtingué.

LE GÉNIE.

Cette ambition eſt pardonnable.

LE PEINTRE.

Mais je ne puis m'en flatter.

AIR : *Guillot un jour trouva Liſette.*

Quand pour préſenter leur hommage,
On voit tous les arts réunis,
Pour le ſuccès de ſon ouvrage,
Qui pourrait réclamer le prix?
Chacun a des droits à la pomme.　　　(*bis*).
Et chacun ſe verra content,
Car le ſuffrage d'un grand homme
Eſt toujours le ſceau du talent.　　　(*bis*).

Adieu, ſeigneur, je viendrai vous montrer mon ouvrage.

LE GÉNIE.

Je vous reverrai avec plaiſir.

SCENE V.

LE GÉNIE (*ſeul*).

Sɪ tous les artiſtes ſont animés du même zèle, je vois avec ſatisfaction qu'il ne manquera rien à la fête qu'on lui prépare. Sa vue donnera l'eſſor aux productions de l'eſprit, & ſon cœur recueillera le fruit de ſes bienfaits : l'amour & la reconnoiſſance.

SCENE VI.

LE GÉNIE, ALEXANDRIN.

ALEXANDRIN *(faisant force courbettes & déclamant avec emphase)*.

Puissant régulateur des deſtins de la France,
En nos murs fortunés ſoyez le bien venu ;
Vous voyez de tout Liège un poëte connu,
Et qui vient avec vous faire auſſi connaiſſance.

LE GÉNIE *(à part)*.

Connu, connaiſſance, ce début promet !

ALEXANDRIN.

Je me nomme Alexandrin, poëte ; j'ai appris votre arrivée & celle prochaine du héros que vous dévancez : je viens vous conſulter ſur un projet que j'ai conçu, & qui doit me couvrir d'une gloire immortelle, terraſſer mes confrères en poëſie, & me placer au plus haut degré du Parnaſſe.

LE GÉNIE.

Eh bien, Mr. Alexandrin ! vous me voyez, ſi je le puis, prêt à vous faire obtenir la palme glorieuſe de l'immortalité ; daignez me faire part de vos grands & ſublimes projets ?

ALEXANDRIN.

Grands & ſublimes !.. voilà bien les adjectifs qui conviennent au ſujet que je veux célébrer dans mes chants.

Air : *Quand Vénus naquit à Cythère.*

Je pourrais bien, nouvel Homère !..
Eclipfer cet homme vanté.
S'il a peint Achille en colère,
Je peins le Dieu Mars irrité.
La France vaut au moins la Grece,
Mon héros égale le fien ;
Achille eft grand, je le confeffe,
Mais BONAPARTE le vaut bien.

LE GÉNIE.

Je fuis de votre avis, Mr. Alexandrin ; mais la gloire du héros ne fait pas celle du poëte : il faut une main habile & bien exercée pour buriner les hauts faits des grands hommes, & cela ne fe rencontre pas communément.

ALEXANDRIN.

Vous vous moquez, divin génie !.. Homère, Virgile, Le Taffe, Voltaire ont célébré les héros de leur pays. Les noms de ces chantres divins font placés à côté des leurs au temple de mémoire, & j'efpère qu'un jour le mien fera gravé fur le Stilobate du piédeftal où fera pofé le bufte du héros, qu'aidé de vos lumières, je me prépare auffi à chanter.

LE GÉNIE.

Voilà ce qu'on appelle un projet digne d'un favori d'Apollon !

ALEXANDRIN.

Cependant, je vous l'avoue, la grandeur du fujet m'en impofe, & je viens demander vos avis.

(*Déclamant*).

Vafte & puiffant génie ! efprit grand & fublime !
Daigne échauffer le mien du feu de tes rayons !
Daigne à mes vers heureux faciliter la rime,
Et pour ce grand fujet, prête-moi tes crayons.

L E G É N I E.

Je vous aiderai volontiers de mes confeils, mais il faut, s'il vous plaît, Mr. Alexandrin, me dire en dé-finitif ce dont il s'agit?

A L E X A N D R I N.

Ce dont il s'agit!.. ne vous en doutez-vous pas, divin Génie! le héros français vous fuit ; les poëtes de toutes les villes où il daignera s'arrêter, ne manqueront pas de célébrer fes hauts faits. Je voudrais , s'il fe peut, les furpaffer tous, & j'ai pour cela jetté fur ce papier le projet d'un poëme épique en 44 chants ; poëme qui, j'ofe le dire , furpaffera tout ce qu'on a vu, étonnera la génération préfente, & fera le défefpoir de tous les poëtes à venir.

L E G É N I E.

A i r : *Femmes voulez-vous éprouver.*

Ah ! mon ami, le grand projet
Que celui d'un poëme épique !
Il convient très-bien au fujet,
Mais il le faut plus laconique.

A L E X A N D R I N.

Plus laconique... dites-vous?
Oh! ce n'eft pas-là mon allure ;
De peindre en grand, je fuis jaloux ,
Et méprife la mignature.....   (*bis.*)

Il ferait beau de voir le Dieu de la guerre peint en bufte! je laiffe cela à nos écrivains modernes, à nos rimailleurs de couplets, qui n'ont pas affez de poumons pour jetter en moule dix à douze mille vers; mais moi, Jofeph Alexandrin , poëte inné, fils & favori d'Apollon & de Thalie, nourri par Melpomène, bercé par Calliope & Clio, fanctifié par l'eau de l'Hypocrène!...

la nature, en me formant, a tracé la route que je
devais parcourir, & le grand nom dont elle m'a gra-
tifié eſt le garant de mes ſuccès.

AIR : Mon père était pot.

Oui, je veux chanter les combats
Du héros de la France,
Je veux peindre auſſi nos ſoldats
Secondant ſa vaillance.
Quel plus beau ſujet
Peut être, en effet,
Mis en poëme épique ?
Et puis les Ang'ais
Bientôt à leurs frais,
En feront la muſique.

LE GÉNIE.

Projets ſublimes, ſans doute !.. mais un poëme en
44 chants !... Réfléchiſſez, Mr. Alexandrin, il vous
faudrait des années pour le finir, & le héros que vous
voulez chanter me ſuit ; votre deſſein n'eſt-il donc pas
de lui préſenter l'hommage de votre reconnaiſſance?

ALEXANDRIN.

Oui, divin Génie ! & c'eſt, aidé de vos conſeils, que
je croyais exécuter le plan que j'avais conçu, & que je
venais ſoumettre à vos lumières.

Mon poëme ſerait intitulé :

LE NOUVEL ILLION.

Je vous fais grace des 40 premiers chants pour arriver aux derniers....... *Incipio :*

SOMMAIRE.

L'heureuſe paix eſt de nouveau bannie de la France
par la trahiſon d'un Roi perfide ; elle va trouver le

Dieu des mers, le prie de retirer fa protection à ce peuple ambitieux & arrogant, & de feconder la vengeance du héros français. Neptune fe rend à fa prière. Embarquement de l'armée françaife. Le héros, porté fur le char d'Amphitrite, arrive devant Londres. Sac & prife de la ville. Neptune lui-même en fappe les fondemens. Le lion britannique eft terraffé, Weftminfter réduit en cendres. Georges en fort un *puding* (1) à la main & un verre de *porter* de l'autre ; la moitié de fa perruque eft brûlée, le feu eft encore à fa robe de chambre : Pitt le fuit, un arrofoir en main, & crie à tue-tête :

> N'êtes-vous pas grand roi fenfible à la brûlure ?
> O Georges King, par grace arrêtez-vous ici !
> Votre robe eft en flame ; ah ! je vous en conjure
> Souffrez que je l'éteigne ou vous êtes rôti.

L E G É N I E.

Oh ! par grace, laiffez vous-même ces defcriptions triviales & ridicules ; les grands hommes· préfèrent le langage du cœur à ce ftyle bourfoufflé, à ces productions guindées de l'efprit. Louange fincère, penfée heureufe font cent fois préférables.

A I R : *J'ai vu par-tout dans mes voyages.*

> Modefte & fine allégorie,
> Sentimens vrais, élans du cœur,
> Où brille le feu du génie
> Et perce un talent créateur ;
> Simplicité, noble franchife,
> Sur-tout point de mots fuperflus ;
> Des héros c'eft-là la devife,   } *Bis.*
> Et l'encens qu'on doit aux vertus.

---

(1) Ou *pouding*, efpèce de pâté fait avec de la mie de pain, de la moëlle de bœuf & des raifins de Corynthe.

ALEXANDRIN.

Je me rends à vos fages avis ; je retourne dans mon humble laboratoire, & je reviens fous peu vous offrir un fimple quatrain ou une infcription latine, en ftyle lapidaire, qui, j'ofe l'efpérer, feront infcrits fur tous buftes, ftatues, tableaux, gravures faits & à faire, en l'honneur & gloire du pacificateur de l'Europe ; & au-deffous la poftérité lira :

JOSEPHUS ALEXANDRINUS FECIT:

AIR : *Au coin du feu.*

Vous me créez une ame,
Un feu divin m'enflamme,
Je fuis en feu !
Faveur grande & fublime !
Oh ! meffieurs de la rime,
Verront beau jeu,
Verront beau jeu,
Verront beau jeu !

(*Il fort*).

SCENE VII.

LE GÉNIE (*feul*).

Ce cher Mr. Alexandrin deviendra fou, je penfe ; au furplus, je ne le blâme pas, & fon enthoufiafme eft bien pardonnable.

AIR : *A l'ombre d'un myrthe fleuri ;*
ou *Comme j'aime mon Hypolite* (1).

La France était comme une fleur
Qu'avaient entouré les épines,
Leur nombre couvrait fa fraîcheur,
Cachait fes couleurs purpurines ;

---

(1) Ces couplets nous ont été chantés & nous ont paru fi jolis & fi analogues, que nous avons pris la liberté de les imprimer dans notre impromptu. Puiffent - ils lui fervir de paffe-port.

Des boutons à peine naiſſàns
Entouraient la fleur demi-cloſe;
Et des inſectes dévorans
Mangeaient les boutons & la roſe.

2.

Quand, par bonheur, un Jardinier
Lui prodigant ſes ſoins utiles,
Prit pitié du pauvre roſier,
Et chaſſa d'abord les reptiles :
Puis des épines, de ſa main,
Otant chaque jour quelque choſe,
Il travailla tant qu'à la fin
Il ne reſta plus que la roſe.

Mais que veut ce nouveau perſonnage?

SCENE VIII.

LE GÉNIE, POUDRILLAC (*artificier gaſcon*).

POUDRILLAC.

Monſu boſtré très-humble ſerviteur ; jé mé nommé
Poudrillac, les ribes fortunées de la Garonne m'ont
bu naître : bous lé débinerez, ſans peine, à mon petit
aſſent, quoiqué, ſandis, jé n'en conſerbé pas veaucoup;
j'ai appris boſtré arribée en ce pays où, jé ſuis depuis
pu, & jé biens bous conſulter ſur uné pétité idée qui
m'eſt bénue & qué jé vrule dé mettre à exécution.

LE GÉNIE.

Parlez, Monſieur, je vous écoute.

POUDRILLAC.

Monſu, bous ſaurez qué jadis on m'appelait lé chébalier dé Poudrillac, novlé commé lé grand Sultan ; mais
lé tems a fait uné pétite crébaſſe à mes titres de no-

vleſſe, crébaſſe que jé né mé foucie pourtant pas dé
calfeutrer ; qué m'importe après tout un de dé plus &
quelqués morceaux dé peaux dé mouton corroyés & à
démi rongés, car c'était tout mon aboir ! & quelqués
efpérances fur le fluve de mon pays, dont je poubais
bendre les eaux en détail pour né pas laiſſer périr
d'inanition lé dernier réjetton dé la famille des Poudrillac ; mais bous fabez, Monfu, qué nous ne pou-
bions faire le commerce fous peine dé déroger ; or, en
mé laiſſant la liverté de faire cé qué jé veux, on m'a
donné plus qu'on né m'a pris.

L E G É N I E.

Je ne vois point encore, Monfieur, où vous en
voulez venir.

P O U D R I L L A C.

Un peu dé patience, m'y boici ; uné fois rendu à
moi-même je mé fuis interrogé, & me fuis dit : « Quel
» commerce vas-tu faire, Chébalier dé Poudrillac ? dans
» tous il faut des fonds & des abances qué jé n'ai pas ».
Sur cés entréfaites lé célévre Ruggiéri, alors dans noſtré
ville, perdit par l'exploſion d'une boëte à feu, un dé
fes aides ; & comme l'odeur dé la poudre à canon a
toujours eu beaucoup dé charmes pour moi, que jé fa-
bais compofer quelqués pétits ferpenteaux, fufées & fo-
leils, jé mé propofai pour remplacer célui qui bénait
dé périr glorieufement les armes à la main.

L E G É N I E.

Ah ! je le vois, Mr. Poudrillac eſt artificier, & vient
m'offrir un échantillon de fon favoir ?

P O U D R I L L A C.

Bous l'abez débiné, fandis !.. J'ai marché dans cette
carrière à pas de géant ; dans peu, (jé né dis pas cela

pour mé banter) mais l'Eleve furpaffa lé Maître. Mon
génie né poubant plus refter fuvordonné au fien, je
le quittai ; & maintenant jé parcours les départemens,
pour donner dans tous un échantillon de mon faboir.

AIR : *Des Trembleurs.*

Oui, fi lé ciel mé fecondé,
Par ma fcience profondé,
Je veux étonner le mondé,
De Paris jufqu'à Pékin !
Et là, dans les feux pyrriques,
Simétriques, hydrauliques,
Ces Chinois fi magnifiques,
Perdront bientôt leur latin.

LE GÉNIE.

Oh ! nous ne fommes point encore à Pékin ; en at-
tendant que puis-je pour vous à Liège ?

POUDRILLAC.

Ah ! vous poubez veaucoup, fandis ! les grands
hommes ont leur Génie ; témoin Socrate qui conber-
fait chaqué jour abec lé fien. Bous beillez-bous fur
les deftinées du pacificateur de l'Europe ; jé fais qu'il
marche fur vos pas, & je viens demander vos avis
pour donner à ce grand homme un petit plat de mon
métier.

AIR : *Marche du roi de Pruffe, ou du tableau de Pouffin.*

Choififfons bien tous deux,
Cé qui conbient le mieux,
Au héros qu'en ces lieux,
Ce jour heureux
Va bientôt offrir à nos yeux :
Ainfi montrons-nous fcrupuleux,
Magnifiques, difpendieux,
Sévéres dans lé choix des feux,
Pour cé fpectacle lumineux,
Dont voici le plan fameux !...
(*Il tire le plan de fa poche, le déroule & marque*
chaque chofe avec le doigt).

De là part un dragon.
Là, brille un écuſſon,
Qui préſente lé nom
  Du grand Scipion!
Or, cé nom en renom,
Eſt la comparaiſon
D'un nom qu'avec raiſon,
    A l'uniſſon,
Tous ont en adoration!....
Et puis cent & cent ſerpenteaux....
Ici deux bouquets de faiſceaux,
Réfléchis par-tout par ces eaux,
Font un ſpectacle des plus beaux!....
Puis pour couronner le tableau,
Voyez là cé buſte nouveau,
Plus loin ſur le même niveau,
Liſez, ARCOLE & MARINGO!....
Puis empêchez de crier bravo!
Et de dire ah! que c'eſt beau!

LE GÉNIE.

J'approuve aſſez votre idée ; cependant, mon cher,
ce genre de fêter eſt bien commun. L'artifice ne peut
tenir la place de la franchiſe, & le temple que les Français élevent dans leurs cœurs au héros auquel ils doi-
vent tout le bonheur dont ils jouiſſent & qui ne fera
qu'augmenter, eſt mille fois préférable à ces feux qui ne
brillent un inſtant que pour ſe diſſiper en fumée ;
d'ailleurs, le premier Conſul va arriver, & vous n'auriez
jamais le tems d'exécuter le plan que vous avez conçu ;
ainſi croyez-moi, mon cher....

AIR : *Charmante Gabriëlle.*

Laiſſez tout cet ouvrage,
Beaucoup trop étendu ;
Ce n'eſt point-là l'hommage
Qui ſied à la vertu.

Un grand homme déteste
Le vain fracas,
Il est simple & modeste
Dans tous les cas.

Un simple bouquet artificiel offrant une branche de laurier & une d'olivier, attachées ensemble par un ruban aurore, au-dessus une couronne de myrthe ; d'un côté une corne d'abondance, de l'autre une gerbe de bled en feu brillant, au-dessous la boëte de Pandore en éclats & l'Espérance en perspective ; voilà mon idée, & ce qui convient au héros que vous désirez fêter.

POUDRILLAC.

AIR : *De la pipe de tabac.*

Oh ! sandis, que bostre génie,
Monsu, me paraît vasté & grand !
Et près du bostre, mon génie
Me semble mince maintenant...   (*bis*).
Oui, je cours, auguste Génie !
Exécuter ce plan charmant,
Car, par-tout on doit au génie,
Un cœur vraiment reconnaissant.... (*bis*).

———————

AIR : *En quatre mots je vais vous conter çà.*

De Cadillac, quoique jé sois natif,
Jé suis toujours très-attentif
  Au génie inventif ;
Pourtant, dans cette occurrence,
Jé veux montrer ma science,
  Mon talent actif ;
Et si mon art n'est pas très-lucratif,
  Il est très-expansif,
  Très-illuminatif !...
Mais c'est rester par trop oisif,
  Salut en décisif.

      (*Il sort*).

SCENE IX.

LE GÉNIE (*feul*).

Sɪ Mr. le ci devant chevalier n'a rien de préparé, je crains fort que fon talent ne foit perdu pour mon favori... (*On entend plufieurs coups de canon au loin*). Je ne me trompe pas, j'entends le canon... Oui... Ah! ma foi, Mr. de Poudrillac, vous ne coopérerez pas au tableau que je veux exécuter conjointement avec ces bons Liégeois.. Mais j'entends du bruit, ferait-ce déjà nos acteurs?.. Non... C'eft une femme.

SCENE X.

LE GÉNIE, la Mere LE BLANC (*poiffarde*).

La Mere Lᴇ Bʟᴀɴᴄ.

Aʜ! j'crois qu'à la parfin, j'y fommes ; falut not bourgeois (*Le Génie lui préfente un fiège*). N'vous d'rangez pas, bijou ; j'venons pour vous faire une confultation en façon de d'mande, car chacun dit qu'ous avez pu d'efprit qu'eune académie ; c'eft pourquoi j'foumettrons not' volonté à la vôte, & fi j'fommes content' d'vot' définition, j'vous aurons entière obligation, entendez-vous mignon ?

Lᴇ Gᴇ́ɴɪᴇ.

Si je puis vous être de quelqu'utilité, vous me voyez prêt à vous fervir.

La Mere Lᴇ Bʟᴀɴᴄ.

V'là c'qui s'appelle ét' obligeant ; & t'nez, fans l'refpeft que j'devons à vot' capacité, j'imprimerions un bon baifer d'fus l'moule qui vient d'lacher c'té bonne parole ; mais j'connaiffons not' portée au vis-à-vis d'vous & j'nous tiendrons dans l'refpeft du d'voir ; car vraiment...

AIR : *C'eſt le roi de Sardaigne*, ou *M. de Catinat...*

> On lit ſus vot' figure,
> Un air de bonté ;
> Qui dès qu'on l'voit, j'vous jure,
> Vous met en gaîté.
> J'ſentons au fond d'not' ame,
> En vérité d'honneur ;
> Comme eun feu qui l'enflamme
> Et fait bondir not' cœur !

Mais t'nez, c'n'eſt pas tout çà, mon choux ; vous ſaurez que j'm'appelle la mere L'Blanc, ci-d'vant bouquetière, & à préſent fruitière-orangere & marchande d'morue à la halle ; que j'ſommes ici depuis un mois pour que'ques affaires qui ſont dans la dépendance d'not' commerce... En battant l'pavé, j'ons t'appris vot' venue ; j'ons ſçu d'plus qu'on préparaît ici eune fête à not' premier Conſul ; & comme jel'portons dans not' cœur, ce cher brav' homme là, je v'nons tout ſimplement débonder les vœux que j'faiſons pour ſa proſpérité.

LE GÉNIE.

Vous aurez cela de commun avec quelques perſonnes qui ſont venues me conſulter & qui ne tarderont pas à revenir ; reſtez, vous ajouterez au tableau ; & comme les occupations, les ſoins & le travail du premier Conſul l'empêcheront peut-être d'y aſſiſter, votre hommage, ô mes amis, en paraîtra beaucoup plus ſincère.

La Mere LE BLANC.

Pardi ! ſi j'reſtr'ons, je n'ſomm' venus q'pour çà, trognon, & pour vous d'mander comment j'pourrions fêter dignement c'brav' homme, en r'connaiſſance du bien qu'i' nous procur' chaque jour.

LE GÉNIE.

A I R : *Je suis Lindor, de Paisiello.*

Qu'est-il besoin de tant chercher, ma chere,
L'hommage à rendre à ceux qu'on aime bien ?
Simple couplet, où l'art n'entre pour rien ,
Et vœux du cœur font toujours sûrs de plaire.

La Mere LE BLANC.

En c'cas la, j'fomm' ben fure d'obtenir la perférence,
car....

A I R : *Allez chercher fortune ailleurs.*

J'vous jure q'parfonne au-d'ffus d'nous
N'fut jamais pu fincère.

Et c'brav' homm' t'nez......

Dans tous les temps, je fomm' jaloux
D'l'aimer & d'l'y complaire.

Et tout' tant que j'fomm' ed'dam, d'la halle.

Not cœur trémouffe en le voyant...

Et moi, c'n'eft pas pour me r'hauffer au-d'ffus d'la
portée d'not' niveau, mais....

Comm' un bucher, l'mien eft ardent,
I'bat
Et puis s'ebat....
Ah ! mon p'tit chat !
Pour l'y , j'donn'rais, foi d'mère L'Blanc,
Mon fang.

Et qué qu'c'eft q'ça auprès du fien, car j'ferions ben
ingrats, fi j'oubliions c'qu'il a fait, tous les hazards
qu'il a courus; car quand il s'agit de s'cogner, i'n'en
laiff' pas fa part aux autres.

A I R : *De Manon Giroux.*

On s'fouvient du pont d'Arcole
Qu'i franchit l'premier
Oh ! le diable m'eftringole,
C'eft un fier guerrier!
Auffi, meffieurs d'l'Angleterre,
J'vous l'difons tout' net,
Pour éviter fa colère,
Faites vot' paquet.

Le Génie.

Croyez-moi, ce n'eſt point dans le vain étalage des mots qu'on montre la ſincérité du cœur. De tout temps votre corps s'eſt diſtingué par ſon amour pour ſes chefs; les vains ornemens du langage n'ont jamais embelli ni fardé vos ſentimens. Soyez aujourd'hui la même, & que votre bouche ne ſoit ici que l'interprête de votre cœur.

La Mere Le Blanc.

Air : *Nous ſommes précepteurs d'amour.*

C'eſt bien là, mon chou, notre himeur
Pour d'biaux diſcours, je n'ſomm' brin mièvres
Notre langage part du cœur,
Et j'avons not' cœur ſur les lèvres.

Ainſi, puiſque vous nous marquez tant d'bontés, j'vous dirons q'nos moyens & not' eſprit, qui n'eſt pas lourd, n'nous permettant pas d'ly donner eun' fête digne de lui, j'avions d'avance préparé une ſimple guirlande.... (*Elle la développe*) La voilà, & s'il daigne l'accepter, t'nez mon ange.... La mère L'Blanc.... ſ'ra toute.... ſon ame.... ſa vie.... enfin.... c'eſt égal.... mais....

Air : *Réſiſte-moi, belle Aſpaſie.*

En l'y donnant cette couronne,
Que j'avons faite d'ſi bon cœur.   (*bis*).
J'l'y dirons, „ faites nous l'honneur
„ D'l'accepter, car l'amour la donne.
„ Ce don, pour vous, ſ'ra peu flatteur,
„ Mais c'eſt l'préſent d'un cœur fidelle.
„ Vous n'y verrez qu'un' ſimple fleur,
„ Mais cette fleur eſt l'immortelle. "

Le Génie.

Bien, bien ! mais j'entends un grand bruit, ce ſont ſans doute nos divers conſultans... Oui. Entrez, mes bons amis.

SCENE XI.

LES PRÉCÉDENTS, POUDRILLAC, LE PEINTRE, ALEXANDRIN, LE MUSICIEN.

POUDRILLAC.

Jé bous apporte un pétit échantillon....

LE GÉNIE.

Bon !

LE PEINTRE.

Voilà.....

LE GÉNIE.

Un moment !

ALEXANDRIN (*déclamant*).

Protecteur des beaux arts !.....

LE GÉNIE.

Je fuis à vous.

LE MUSICIEN.

J'ai compofé....

LE GÉNIE.

Dans l'inftant. (*A tous*) Habitans de Liège, & vous tous, mes amis ! j'admire votre enthoufiafme, votre amour pour un héros qui cherche tous les moyens d'affurer votre bonheur. Sa tendre follicitude pour vous, un travail infatigable l'arrêtent & l'empêchent d'affifter à la fête de *l'amour & de la reconnaiffance ;* mais vos vœux pour lui ne feront pas perdus. Il connaîtra vos fentimens, & fon cœur, par ma bouche, vous promet d'en conferver un fouvenir éternel.

SCENE XII.

LES PRÉCÉDENS.

Le rideau du fond fe leve, on apperçoit fur un piédeftal le bufte du premier Conful ; un trophée eft à droite, on y lit en tranfparent... PONT D'ARCOLE... A gauche, il y en a pareillement un, où on lit... MARINGO...

Au fond, on voit la Mer & Vaiffeaux de chaque côté, & au milieu, à l'horifon, on voit un tranfparent affez exhauffé, où on lit... DESCENTE EN ANGLETERRE...

(Tous les Acteurs de la troupe, les danfeurs & danfeufes font grouppés diverfement & forment tableau).

LE GÉNIE (*continuant*).

VOILA le bufte de ce grand homme ! offrez-lui vos hommages, & que la fête commence.

(Symphonie à grand orcheftre.)

Pendant la fymphonie, le Peintre & le Poëte attachent leurs cartons tranfparens à deux candelabres illuminés, qui font, un à droite & l'autre à gauche, à trois pas environ des trophées.

Nota. *Pour que les cartons ne vacillent pas, que la lumière fe trouve au milieu & puiffe faciliter la lecture, on adaptera aux candelabres deux branches de fil de fer en faillie & qui fe rejoindront à un quarré également en fil de fer, ce qui foutiendra le carton.*

Le carton du Peintre repréfente un foleil : on lit au-deffous :

SOL ORIENS RECREAT RADIANTI LUMINE TERRAS.

Et de l'autre côté, fur celui du Poëte :

Le voilà, ce mortel favorifé des Dieux !
L'Olimpe en le formant prodigua fa largeffe ;
Il eut de Jupiter l'éclat majeftueux,
Du Dieu Mars la valeur, de Pallas la fageffe.

Après la symphonie qui doit être très-courte, on chante l'Hymne qui suit....

HYMNE.

PREMIER CORYPHÉE.

Célébrons par nos chants ce jour, ce jour prospère,
Où le héros français vient combler notre espoir !
L'hommage des cœurs purs est digne d'un bon père,
Et des enfans c'est le devoir.

CHŒUR.

Célébrons par nos chants, &c.

PREMIER CORYPHÉE.

Père de l'univers ! suprême intelligence !
En ce jour solemnel daigne exaucer nos vœux !..
Daigne de ce héros prolonger l'existence,
Pour le bonheur de nos neveux.

CHŒUR.

Célébrons, &c.

PREMIER CORYPHÉE.

Que des bords de la Seine, aux champs de l'Idumée,
Cent peuples prosternés reverent ce mortel !
Que de nouveau la paix, des français, adorée,
N'ait en tous lieux qu'un même autel.

CHŒUR.

Célébrons, &c.

Aussitôt après le choeur, le ballet commence : à la fin, la Poissarde va pour placer sa couronne sur le buste & passe, à cet effet, derrière le piédestal, monte sur la marche où il est posé, afin que le public puisse la voir ; le premier danseur & la première danseuse restent alors en attitude, une main sur le piédestal, & de l'autre soutiennent la couronne sur sa tête. Quatre guirlandes descendent du cintre, les autres danseurs les saisissent & en les écartant, deux en arrière & deux en avant, pour figurer une espèce de dais, restent aussi en attitude & forment tableau.

(On peut remplacer les guirlandes par le ballet des cerceaux.)

Poudrillac fait avancer un marche-pied à roulettes sur lequel est le feu d'artifice que le Génie lui a conseillé d'exécuter (voyez Scène VI). On fait la nuit, & le feu commence : ensuite, cri général, VIVE LE PREMIER CONSUL !

FIN.